Best of Bach

30 Famous Pieces for Piano
30 bekannte Stücke für Klavier
30 pièces célèbres pour piano

(leicht bis mittelschwer / easy to intermediate / facile à difficulté moyenne)

Edited by / Herausgegeben von / Edité par
Hans-Günter Heumann

ED 23398

ISMN 979-0-001-21240-3
ISBN 978-3-7957-9930-4

Cover:
Busto BACH
© Egregia di A. Giannelli Srl

Mainz · London · Madrid · Paris · New York · Tokyo · Beijing

Inhalt / Contents / Sommaire

Original-Klavierstücke / Original Piano Pieces / Pièces de Piano originales

Menuett G-Dur / Minuet G major / Menuet Sol majeur
BWV Anh. 116 4

Musette D-Dur / D major / Ré majeur
BWV Anh. 126 6

Polonaise g-Moll / G minor / Sol mineur
BWV Anh. 119 7

Menuett d-Moll / Minuet D minor / Menuet Ré mineur
BWV Anh. 132 8

Praeludium C-Dur / C major / Ut majeur
BWV 939 9

Aria d-Moll / D minor / Ré mineur
BWV 515 10

Praeludium F-Dur / F major / Fa majeur
BWV 927 11

Praeludium d-Moll / D minor / Ré mineur
BWV 926 12

Praeludium und Fuge C-Dur / Prelude and Fugue C major / Prélude et Fugue Ut majeur
BWV 846 14

Praeludium und Fuge c-Moll / Prelude and Fugue C minor / Prélude et Fugue Ut mineur
BWV 847 18

Praeludium C-Dur / C major / Ut majeur
BWV 924 22

Praeludium c-Moll / C minor / Ut mineur
BWV 999 24

Invention C-Dur / C major / Ut majeur
BWV 772 26

Invention d-Moll / D minor / Ré mineur
BWV 775 28

Invention F-Dur / F major / Fa majeur
BWV 779 30

Invention a-Moll / A minor / La mineur
BWV 784 32

Aria
aus / from / de: Goldberg-Variationen / Goldberg Variations / Variations Goldberg, BWV 988 34

Praeludium und Fughetta G-Dur / Prelude and Fughetta G major / Prélude et Fughetta Sol majeur
BWV 902a / 902 36

Gavotte G-Dur / G major / Sol majeur
aus / from / de: Französische Suite Nr. 5 G-Dur / French Suite No. 5 G major /
Suite Française N° 5 Sol majeur
BWV 816 40

Polonaise E-Dur / E major / Mi majeur
aus / from / de: Französische Suite Nr. 6 E-Dur / French Suite No. 6 E major /
Suite Française N° 6 Mi majeur
BWV 817 42

Musette G-Dur / G major / Sol majeur
aus / from / de: Englische Suite Nr. 3 g-Moll / English Suite No. 3 G minor /
Suite Anglaise N° 3 Sol mineur
BWV 808 43

Bearbeitungen / Arrangements

Chaconne
aus / from / de: Partita Nr. 2 d-Moll für Violine solo / Partita No. 2 D minor for Solo Violin /
Partita N° 2 Ré mineur pour Violon seul, BWV 1004 44

Badinerie
aus / from / de: Orchester-Suite Nr. 2 h-Moll / Orchestral Suite No. 2 B minor /
Suite d'Orchestre N° 2 Si mineur, BWV 1067 50

Air
aus / from / de: Orchester-Suite Nr. 3 D-Dur / Orchestral Suite No. 3 D major /
Suite d'Orchestre N° 3 Ré majeur, BWV 1068 52

Hirtenmusik / Shepherd's Music / Musique de berger
aus / from / de: Weihnachtsoratorium / Christmas Oratorio / Oratorio de Noël, BWV 248 54

Jesus bleibet meine Freude / Jesu, Joy of Man's Desiring / Jésus, que ma joie demeure
aus / from / de: Kantate Nr. 147 / Cantata No. 147 / Cantate N° 147 59

Sinfonia
aus / from / de: Kantate Nr. 156 / Cantata No. 156 / Cantate N° 156 64

Siciliano
aus / from / de: Sonate für Flöte und Cembalo Es-Dur / Sonata for Flute and Harpsichord E♭ major /
Sonate pour Flute et Clavecin Mi bémol majeur, BWV 1031 66

Toccata und Fuge d-Moll / Toccata and Fugue D minor / Toccata et Fugue Ré mineur
BWV 565 68

Brandenburgisches Konzert Nr. 3 G-Dur / Brandenburg Concerto No. 3 G major /
Concerto brandebourgeois N° 3 Sol majeur, BWV 1048 74

Cembalokonzert Nr. 1 d-Moll / Harpsichord Concerto No. 1 D minor /
Concerto pour Clavecin N° 1 Ré mineur, BWV 1052
1. Satz (Thema) / 1st movement (theme) / 1er mouvement (thème) 86

Menuett G-Dur
Minuet G major / Menuet Sol majeur

Johann Sebastian Bach
1685–1750
BWV Anh. 116

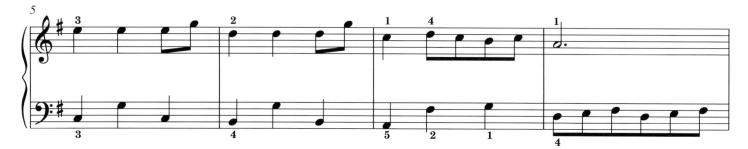

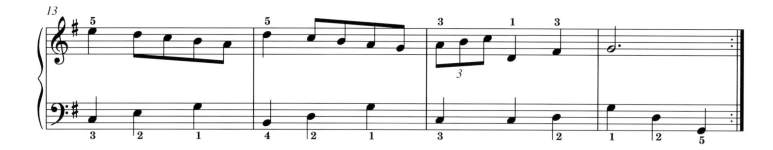

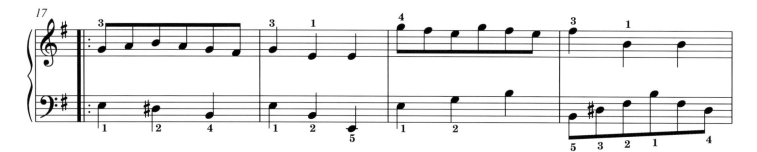

aus / from / de: Notenbüchlein für Anna Magdalena Bach / Notebook for Anna Magdalena Bach / Petit livre d'Anna Magdalena Bach, Schott ED 2698

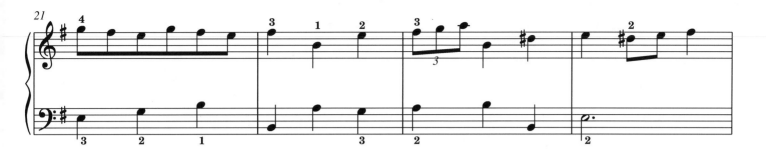

Musette

D-Dur / D major / Ré majeur

Johann Sebastian Bach
BWV Anh. 126

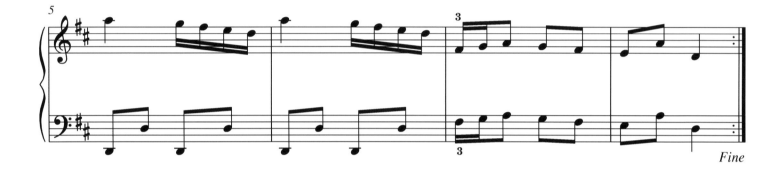

Fine

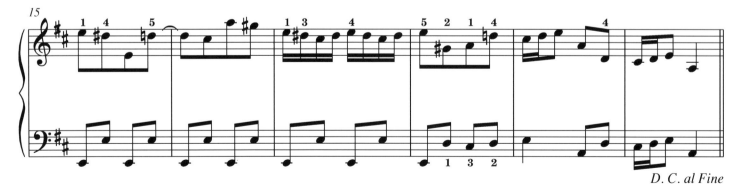

D. C. al Fine

aus / from / de: Notenbüchlein für Anna Magdalena Bach / Notebook for
Anna Magdalena Bach / Petit livre d'Anna Magdalena Bach, Schott ED 2698

Polonaise
g-Moll / G minor / Sol mineur

Johann Sebastian Bach
BWV Anh. 119

aus / from / de: Notenbüchlein für Anna Magdalena Bach / Notebook for
Anna Magdalena Bach / Petit livre d'Anna Magdalena Bach, Schott ED 2698

Menuett d-Moll
Minuet D minor / Menuet Ré mineur

Johann Sebastian Bach
BWV Anh. 132

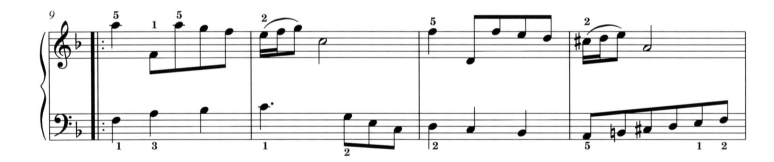

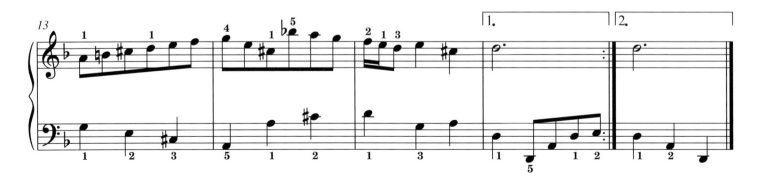

aus / from / de: Notenbüchlein für Anna Magdalena Bach / Notebook for
Anna Magdalena Bach / Petit livre d'Anna Magdalena Bach, Schott ED 2698

Praeludium
C-Dur / C major / Ut majeur

Johann Sebastian Bach
BWV 939

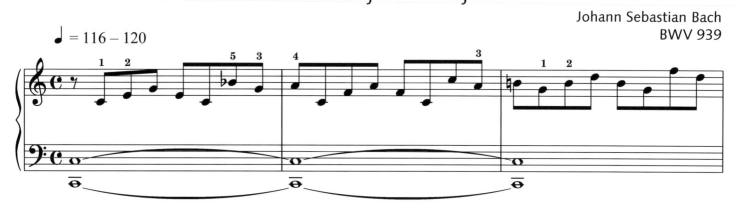

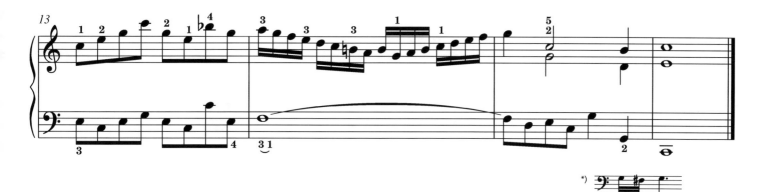

aus / from / de: 12 kleine Präludien / 12 little Preludes / 12 petits préludes, Schott ED0 849

Aria

d-Moll / D minor / Ré mineur

Johann Sebastian Bach
BWV 515

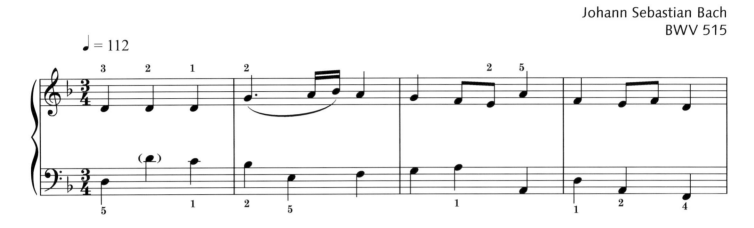

aus / from / de: Notenbüchlein für Anna Magdalena Bach / Notebook for
Anna Magdalena Bach / Petit livre d'Anna Magdalena Bach, Schott ED 2698

Praeludium
F-Dur / F major / Fa majeur

Johann Sebastian Bach
BWV 927

aus / from / de: 12 kleine Präludien / 12 little Preludes / 12 petits préludes, Schott ED0 849

Praeludium
d-Moll / D minor / Ré mineur

Johann Sebastian Bach
BWV 926

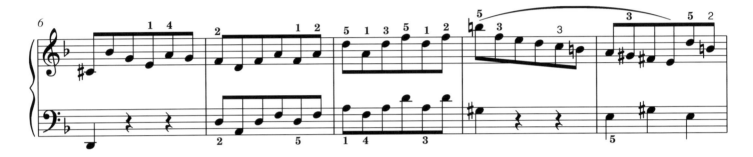

aus / from / de: 12 kleine Präludien / 12 little Preludes / 12 petits préludes, Schott ED0 849

Praeludium und Fuge C-Dur
Prelude and Fugue C major / Prélude et Fugue Ut majeur

Johann Sebastian Bach
BWV 846

Praeludium ♩ = 60 – 69

aus / from / de: Wohltemperiertes Klavier 1 / The Well-Tempered Piano 1 / Clavier bien tempéré 1

Fuga ♪ = 84

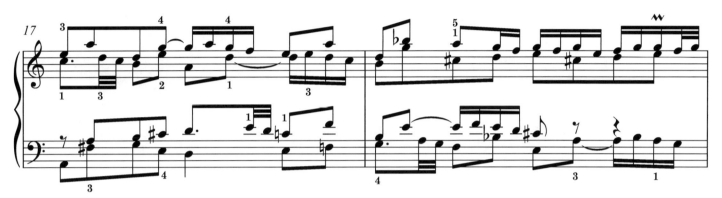

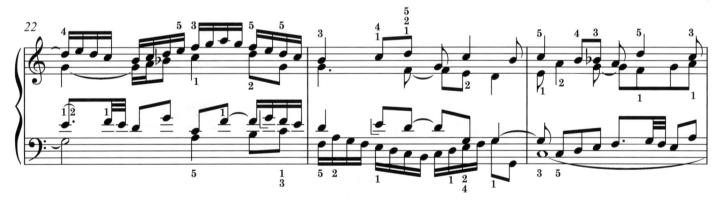

Praeludium und Fuge c-Moll
Prelude and Fugue C minor / Prélude et Fugue Ut mineur

Johann Sebastian Bach
BWV 847

Praeludium ♩ = 108

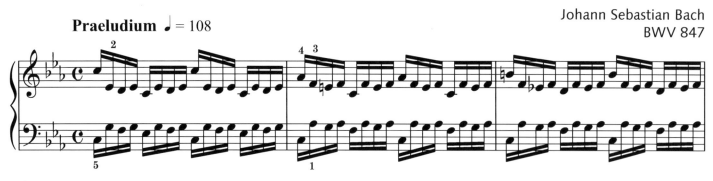

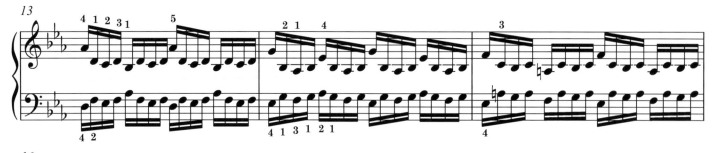

aus / from / de: Wohltemperiertes Klavier 1 / The Well-Tempered Piano 1 / Clavier bien tempéré 1

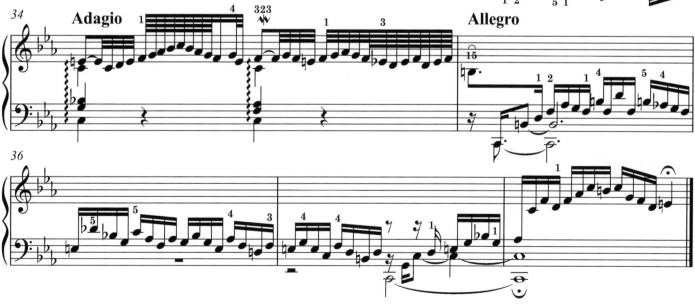

Fuga ♩ = 72

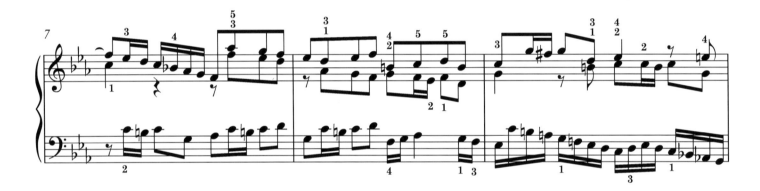

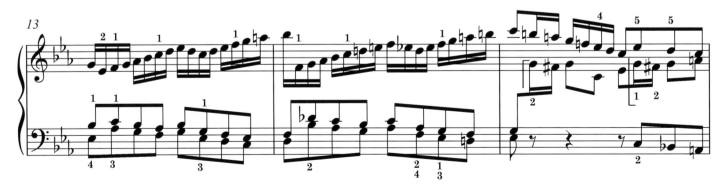

Praeludium
C-Dur / C major / Ut majeur

Johann Sebastian Bach
BWV 924

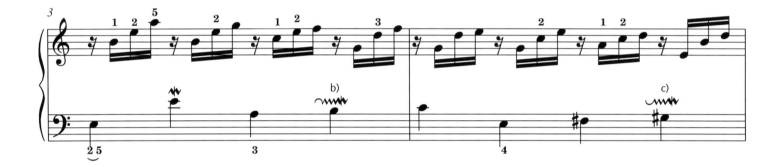

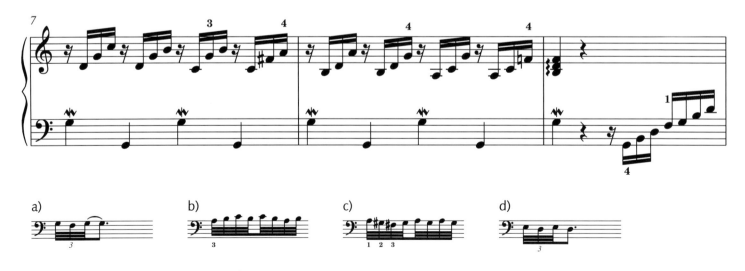

aus / from / de: 12 kleine Präludien / 12 little Preludes / 12 petits préludes, Schott ED0 849

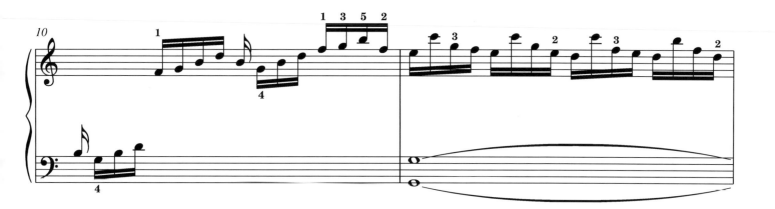

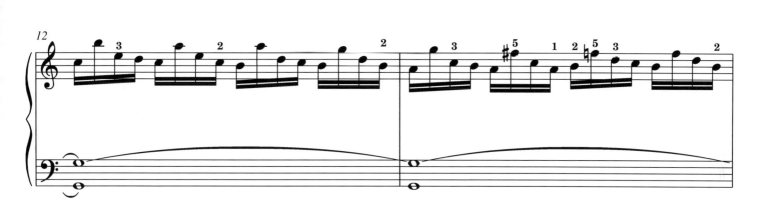

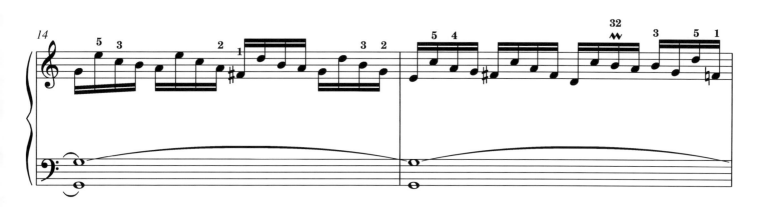

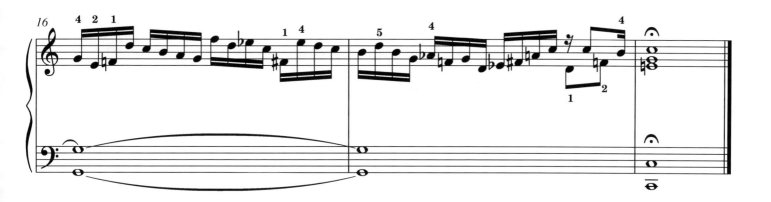

Praeludium
c-Moll / C minor / Ut mineur

Johann Sebastian Bach
BWV 999

aus / from / de: 12 kleine Präludien / 12 little Preludes / 12 petits préludes, Schott ED0 849

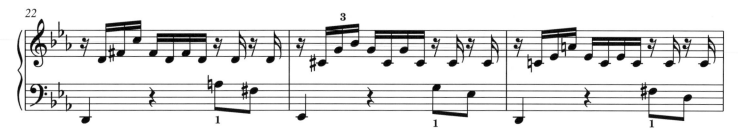

Invention
C-Dur / C major / Ut majeur

Johann Sebastian Bach
BWV 772

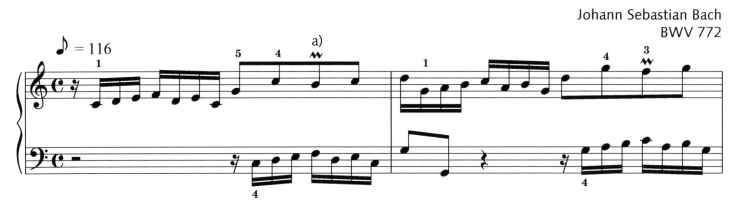

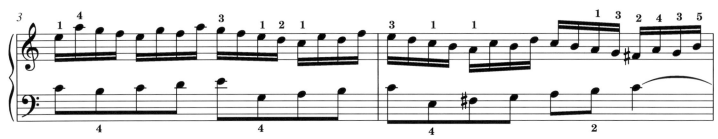

aus / from / de: 15 zweistimmige Inventionen / 15 Two Part Inventions / 15 Inventions à deux voix, Schott ED0 1092

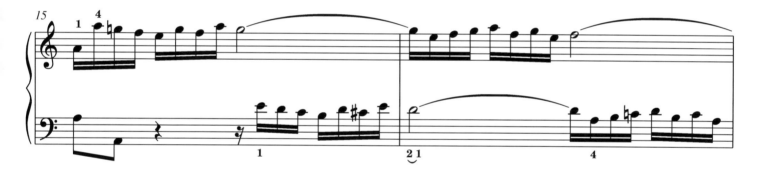

Invention
d-Moll / D minor / Ré mineur

Johann Sebastian Bach
BWV 775

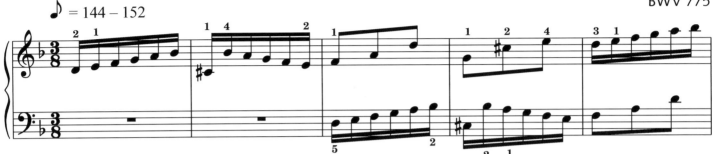

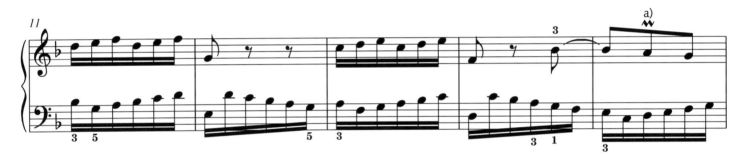

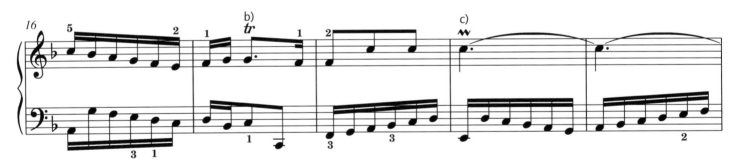

aus / from / de: 15 zweistimmige Inventionen / 15 Two Part Inventions / 15 Inventions à deux voix, Schott ED0 1092

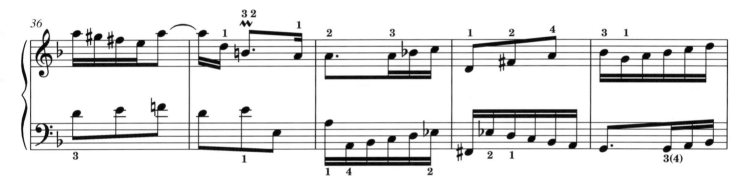

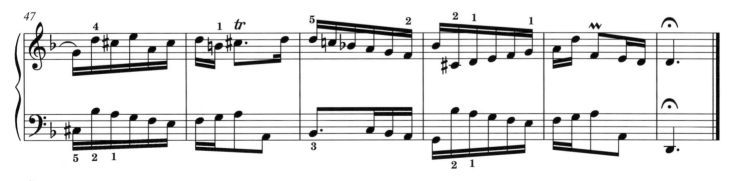

Invention

F-Dur / F major / Fa majeur

Johann Sebastian Bach
BWV 779

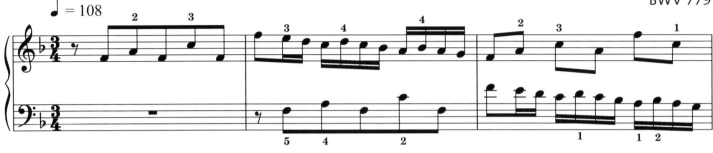

Vorschlag für die Artikulation / Suggestion for articulation / Proposition d'articulation: = staccato, = legato

aus / from / de: 15 zweistimmige Inventionen / 15 Two Part Inventions / 15 Inventions à deux voix, Schott ED0 1092

Invention
a-Moll / A minor / La mineur

Johann Sebastian Bach
BWV 784

♩ = 92

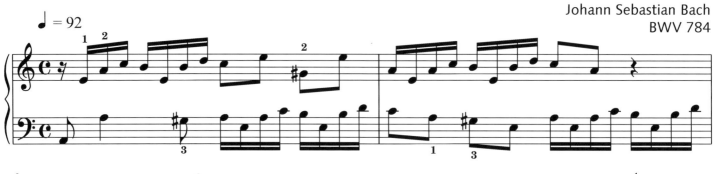

Vorschlag für die Artikulation / Suggestion for articulation / Proposition d'articulation: ♪♩ = portato, ♬♬ = legato

aus / from / de: 15 zweistimmige Inventionen / 15 Two Part Inventions / 15 Inventions à deux voix, Schott ED0 1092

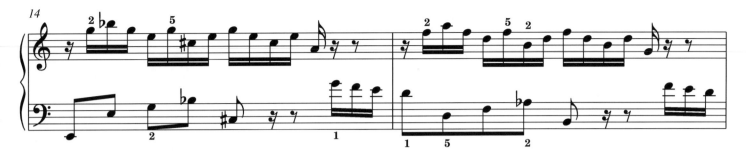

Aria

Johann Sebastian Bach
BWV 988

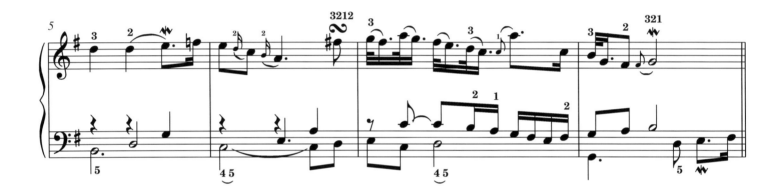

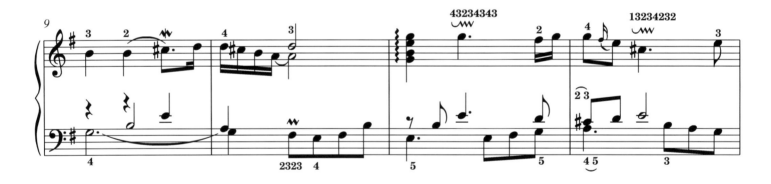

aus / from / de: Goldberg-Variationen / Goldberg Variations / Variations Goldberg

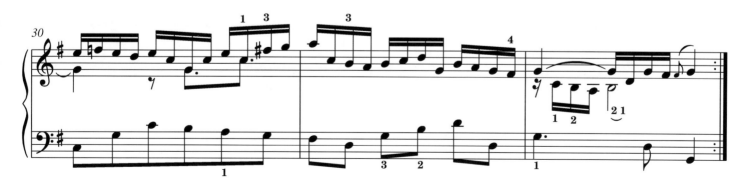

Praeludium und Fughetta G-Dur

Prelude and Fughetta G major / Prélude et Fughetta Sol majeur

Johann Sebastian Bach
BWV 902a

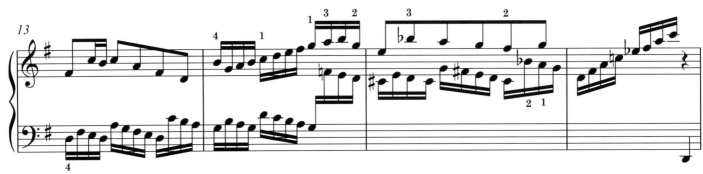

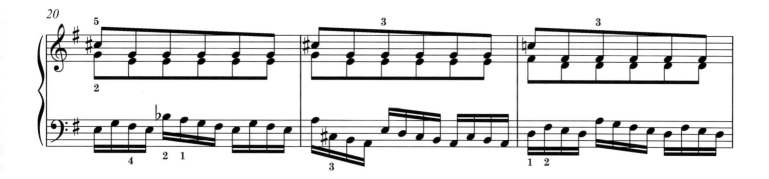

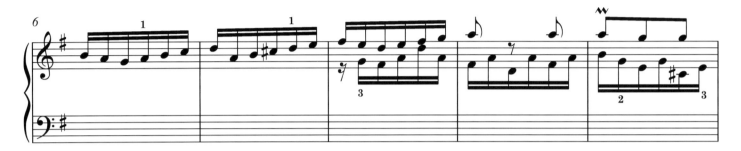

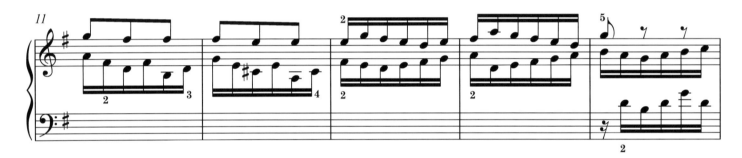

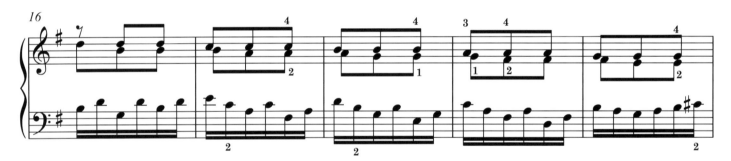

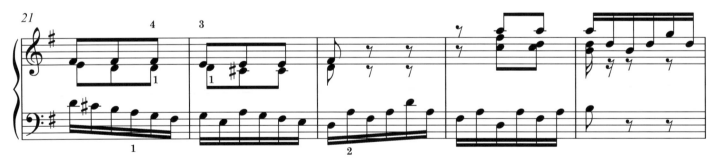

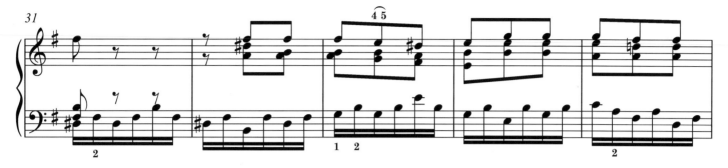

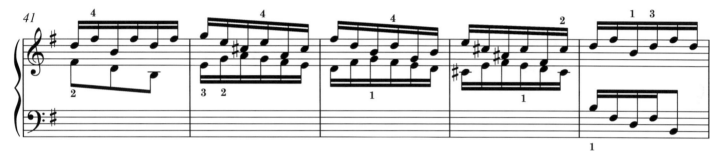

Gavotte
G-Dur / G major / Sol majeur

Johann Sebastian Bach
BWV 816

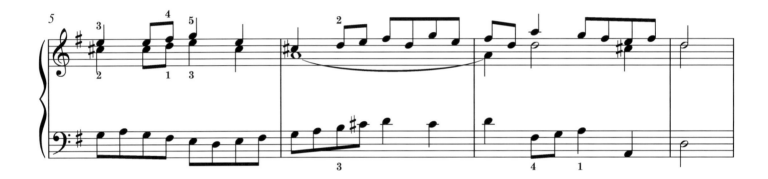

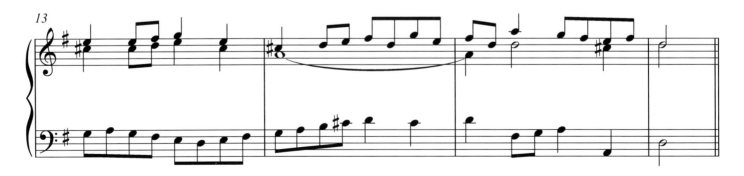

aus / from / de: Französische Suite Nr. 5 G-Dur / French Suite No. 5 G major / Suite Française N° 5 Sol majeur

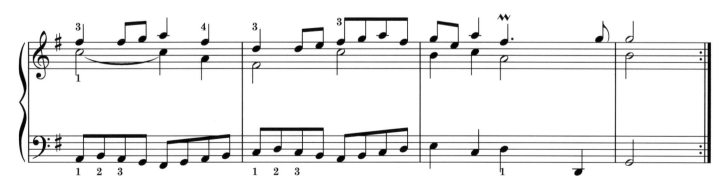

Polonaise
E-Dur / E major / Mi majeur

Johann Sebastian Bach
BWV 817

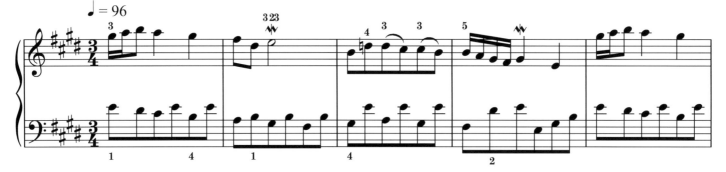

aus / from / de: Französische Suite Nr. 6 E-Dur / French Suite No. 6 E major / Suite Française N° 6 Mi majeur

Musette
G-Dur / G major / Sol majeur

Johann Sebastian Bach
BWV 808

aus / from / de: Englische Suite Nr. 3 g-Moll / English Suite No. 3 G minor / Suite Anglaise N° 3 Sol mineur

Chaconne

Johann Sebastian Bach
BWV 1004
Arr.: Hans-Günter Heumann

aus / from / de: Partita Nr. 2 für Violine solo / Partita No. 2 for Solo Violin / Partita N° 2 pour Violon seul

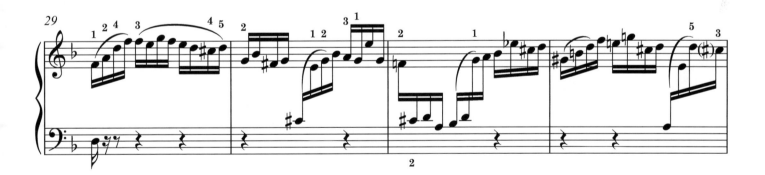

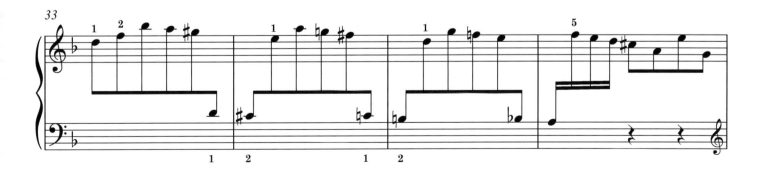

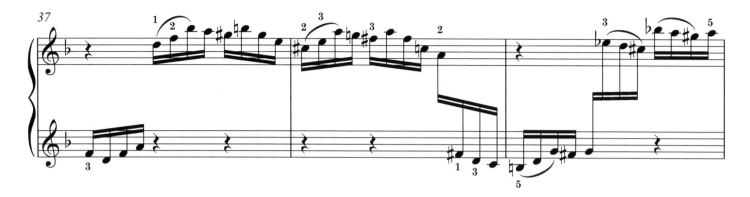

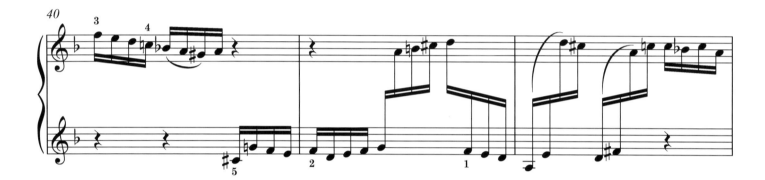

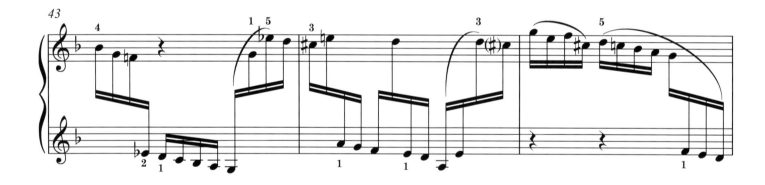

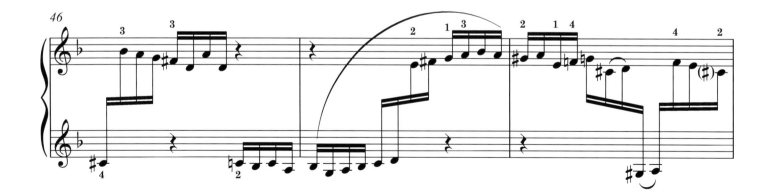

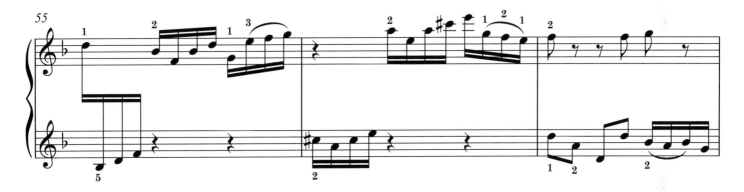

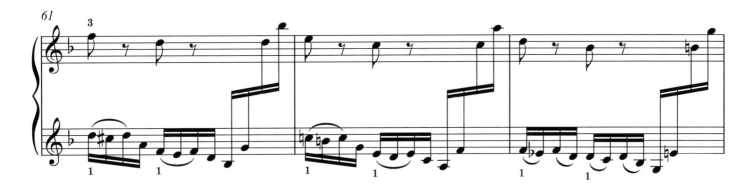

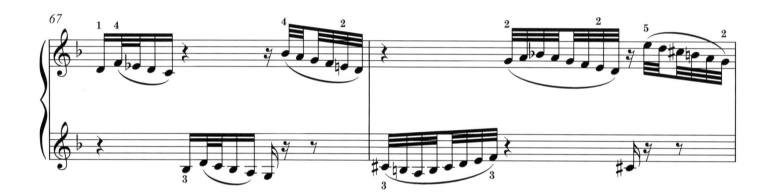

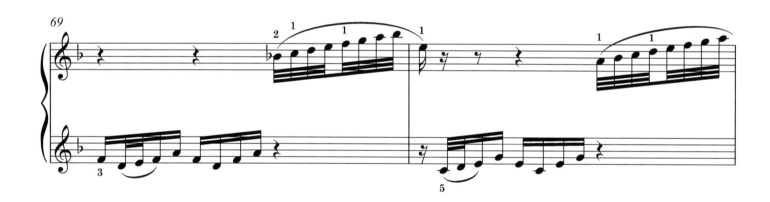

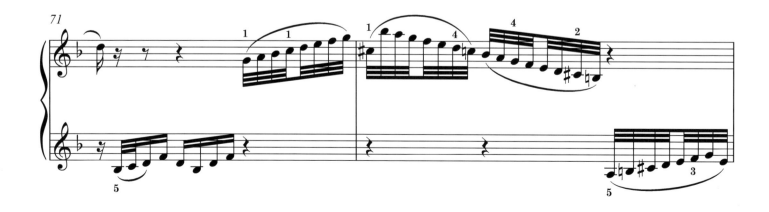

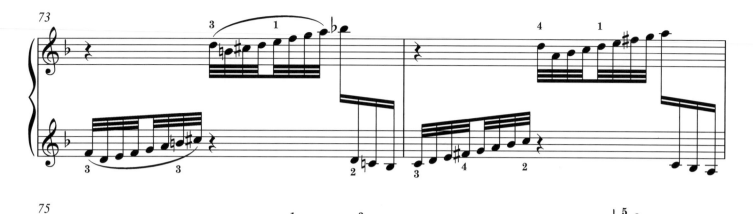

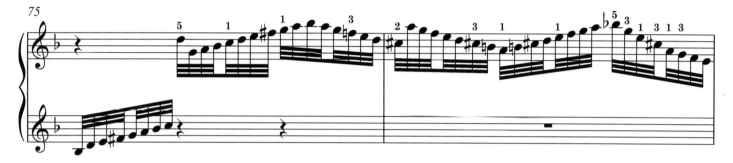

Badinerie
h-Moll / B minor / Si mineur

Johann Sebastian Bach
BWV 1067
Arr.: Hans-Günter Heumann

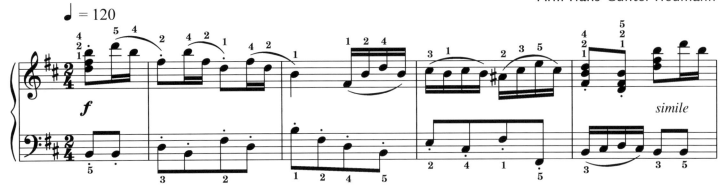

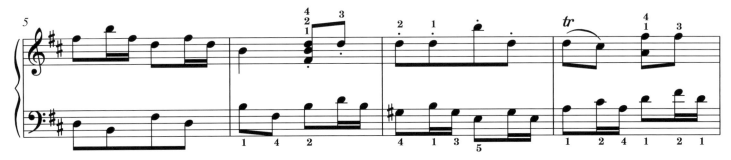

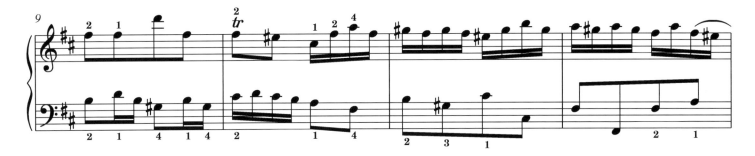

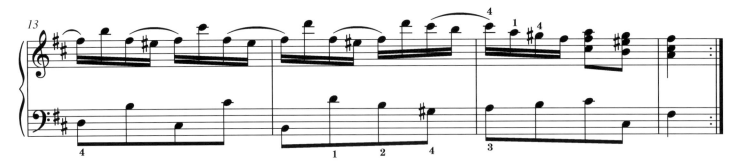

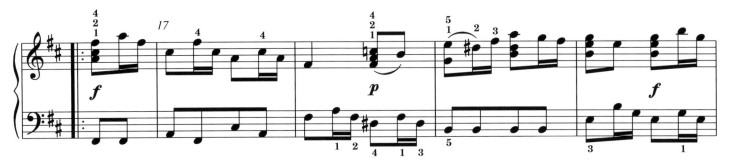

aus / from / de: Orchester-Suite Nr. 2 h-Moll / Orchestral Suite No. 2 B minor / Suite d'Orchestre N° 2 Si mineur

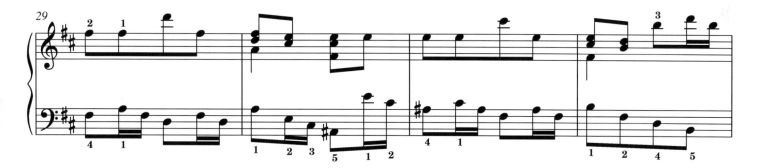

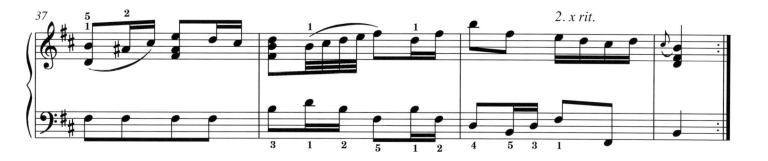

Air
D-Dur / D major / Ré majeur

Johann Sebastian Bach
BWV 1068
Arr.: Hans-Günter Heumann

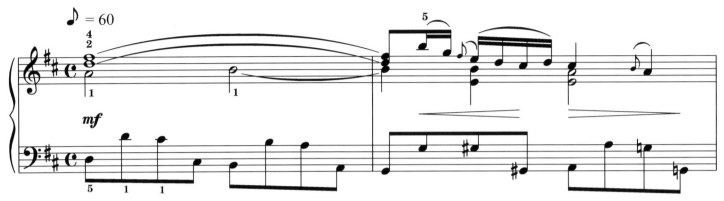

aus / from / de: Orchester-Suite Nr. 3 D-Dur / Orchestral Suite No. 3 D major / Suite d'Orchestre N° 3 Ré majeur

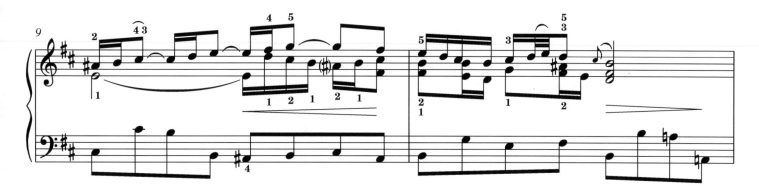

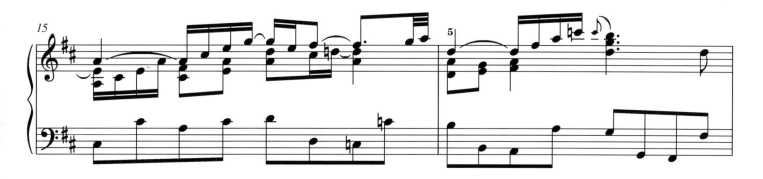

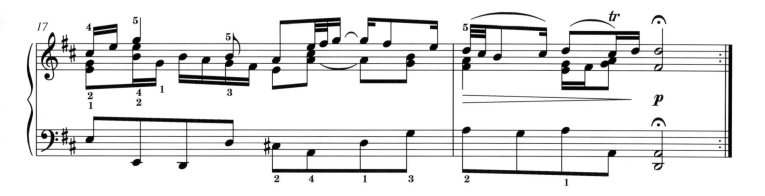

Hirtenmusik
Shepherd's Music / Musique de berger

Johann Sebastian Bach
BWV 248
Arr.: Hans-Günter Heumann

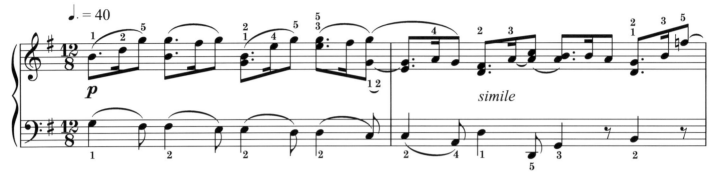

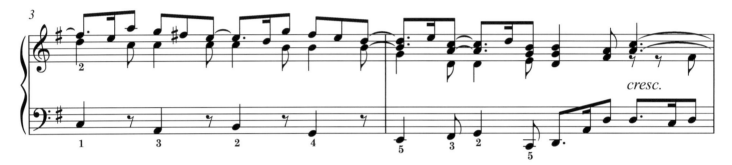

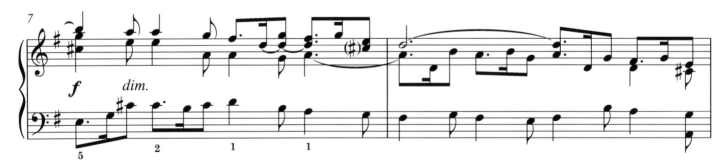

aus / from / de: Weihnachtsoratorium / Christmas Oratorio / Oratorio de Noël

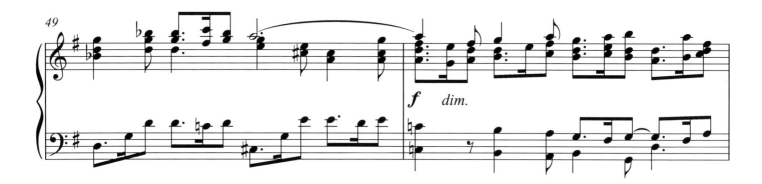

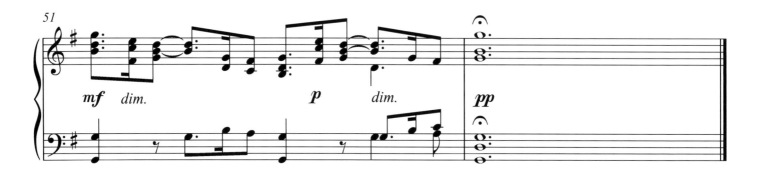

Jesus bleibet meine Freude
Jesu, Joy of Man's Desiring / Jésus, que ma joie demeure

Johann Sebastian Bach
BWV 147
Arr.: Hans-Günter Heumann

aus / from / de: Kantate Nr. 147 „Herz und Mund und Tat und Leben" / Cantata No. 147 "Heart and Mouth and Deed and Life" / Cantate N° 147 « Cœur et bouche et action et vie »

mei - nes Her - zens Trost und Saft,

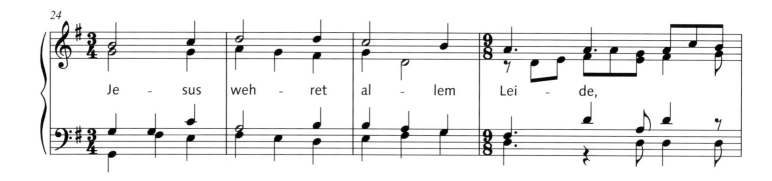

Je - sus weh - ret al - lem Lei - de,

er ist mei - nes Le - bens

mei — ner Au — gen

Lust_____ und Son — ne,

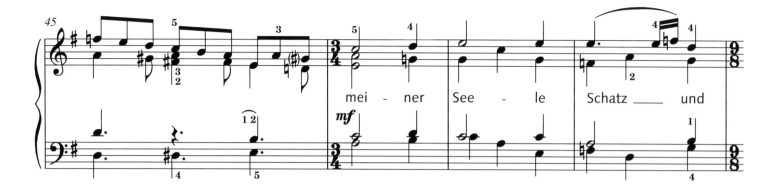

mei - ner See - le Schatz ____ und

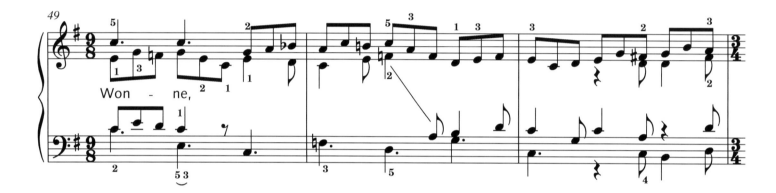

Won - ne,

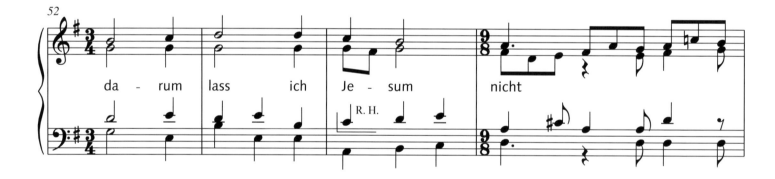

da - rum lass ich Je - sum nicht

aus dem Her - zen und ___ Ge -

sicht.

Sinfonia

Johann Sebastian Bach
BWV 156
Arr.: Hans-Günter Heumann

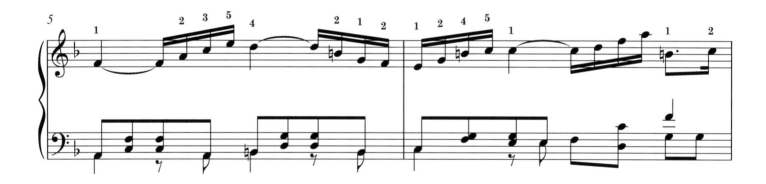

aus / from / de: Kantate Nr. 156 „Ich steh mit einem Fuß im Grabe" / Cantata No. 156 "I stand with one foot in the grave" /
Cantate N° 156 « Je me tiens avec un pied dans la tombe »

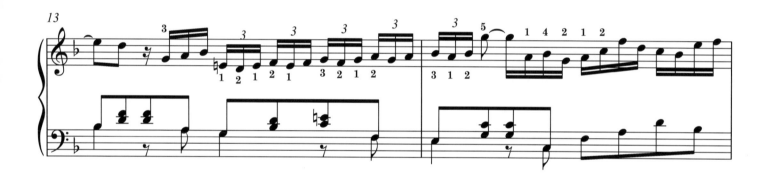

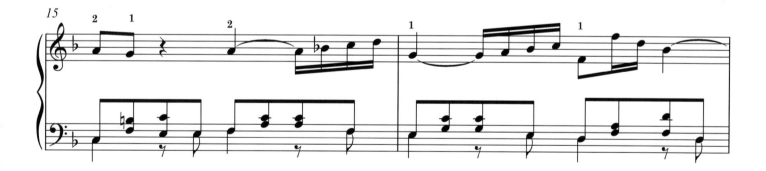

Siciliano

Johann Sebastian Bach
BWV 1031
Arr.: Hans-Günter Heumann

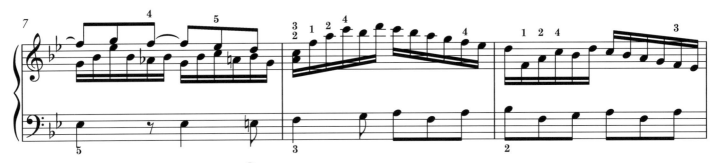

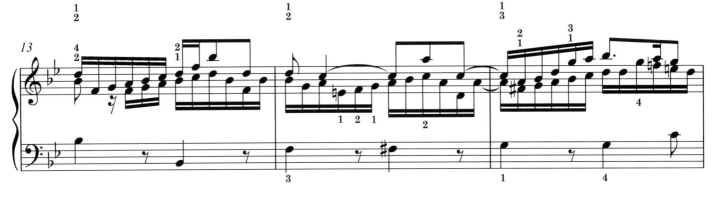

aus / from / de: Sonate für Flöte und Cembalo Es-Dur / Sonata for Flute and Harpsichord E♭ major /
Sonate pour Flute et Clavecin Mi♭ majeur

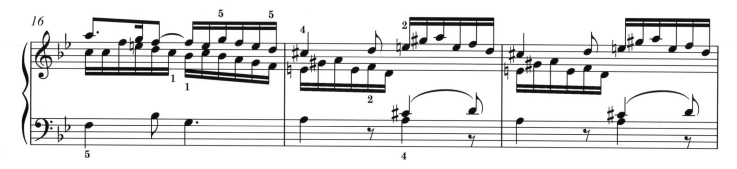

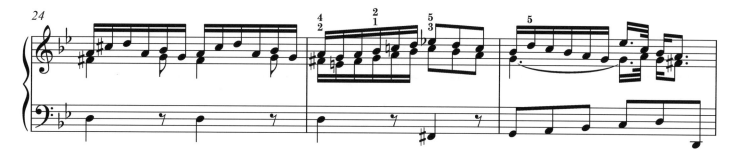

Toccata und Fuge d-Moll
Toccata and Fugue D minor / Toccata et Fugue Ré mineur

Johann Sebastian Bach
BWV 565
Arr.: Hans-Günter Heumann

Adagio

Prestissimo

(Allegro)

sempre stacc.

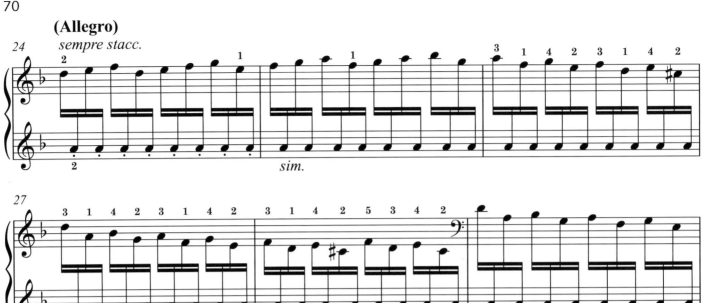

Prestissimo

Maestoso

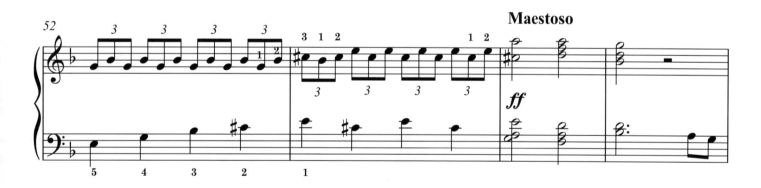

pesante e allargando

Fuge

Allegro

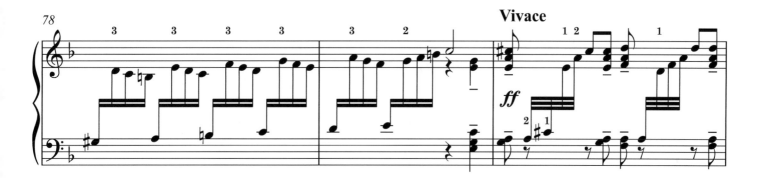

Brandenburgisches Konzert Nr. 3 G-Dur

Brandenburg Concerto No. 3 G major
Concerto brandebourgeois N° 3 Sol majeur

Johann Sebastian Bach
BWV 1048
Arr.: Hans-Günter Heumann

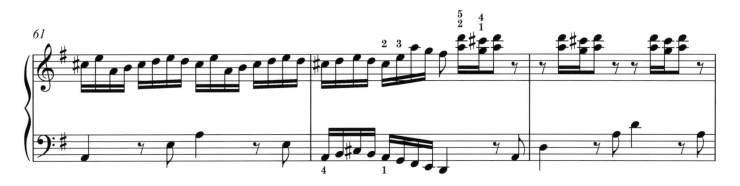

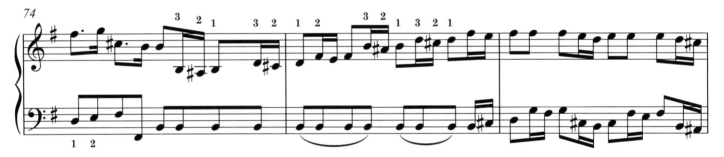

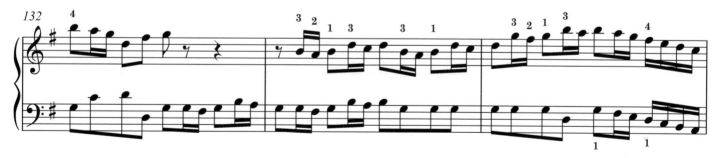

Allegro ♩. = 76

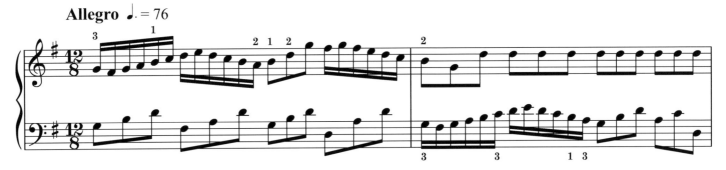

Cembalokonzert Nr. 1 d-Moll

Harpsichord Concerto No. 1 D minor
Concerto pour Clavecin N° 1 Ré mineur

1. Satz (Thema) / 1st movement (theme) / 1er mouvement (thème)

Johann Sebastian Bach
BWV 1052
Arr.: Hans-Günter Heumann

Schott Music, Mainz 59 875

Schott Piano Classics

Klavier zweihändig
Piano solo
Piano à deux mains

Isaac Albéniz
Suite Espagnole, op. 47
ED 5068

España, op. 165
Deux danses espagnoles, op. 164
ED 9032

Johann Sebastian Bach
Berühmte Stücke
Famous Pieces · Pièces célèbres
ED 9001

Kleine Präludien
Little Preludes · Petits Préludes
ED 9003

Inventionen und Sinfonien,
BWV 772-801
Inventions and Sinfonias ·
Inventions et Sinfonies
ED 9002

Friedrich Burgmüller
25 leichte Etüden, op. 100
25 Easy Studies · 25 Etudes faciles
ED 173

12 brillante und melodische Etüden,
op. 105
12 Brilliant and Melodious Studies ·
12 Etudes brillantes et mélodiques
ED 174

18 Etüden, op. 109
18 Studies · 18 Etudes
ED 175

Frédéric Chopin
20 Ausgewählte Mazurken
20 Selected Mazurkas ·
20 Mazurkas choisies
ED 9022

Carl Czerny
6 leichte Sonatinen, op. 163
6 Easy Sonatinas · 6 Sonates faciles
ED 9035

160 achttaktige Übungen, op. 821
160 Eight-bar Exercises ·
160 Exercices à huit mesures
ED 8934

Claude Debussy
Berühmte Klavierstücke I
Famous Piano Pieces I · Pièces célèbres
pour piano I
ED 9034

Berühmte Klavierstücke II
Famous Piano Pieces II · Pièces célè-
bres pour piano II
ED 9037

Emotionen
Emotions
35 Originalwerke · 35 Original Pieces ·
35 Œuvres originales
ED 9045

Edvard Grieg
Lyrische Stücke, op. 12, 38, 43
Lyric Pieces · Morceaux lyriques
ED 9011

Peer Gynt
Suiten Nr. 1 und 2, op. 46 und 55
Suites No. 1 + 2
ED 9033

Joseph Haydn
10 leichte Sonaten
10 Easy Sonatas · 10 Sonates faciles
ED 9026

Impressionismus
Impressionism · Impressionisme
21 Klavierstücke rund um Debussy ·
21 Piano Pieces around Debussy ·
21 Morceaux pour piano autour
de Debussy
ED 9042

Scott Joplin
6 Ragtimes
Mit der „Ragtime-Schule" von · with
the 'School of Ragtime' by · avec la
'Méthode du Ragtime' de Scott Joplin
ED 9014

Fritz Kreisler
Alt-Wiener Tanzweisen
Old Viennese Dance Tunes ·
Vieux airs de danse viennois
Liebesfreud – Liebesleid – Schön
Rosmarin
ED 9025

8 leichte Sonatinen
von Clementi bis Beethoven
8 Easy Sonatinas from Clementi
to Beethoven · 8 Sonatines faciles
de Clementi à Beethoven
mit · with · avec CD
ED 9040

Franz Liszt
Albumblätter und kleine
Klavierstücke
Album Leaves and Short Piano Pieces ·
Feuilles d'album et courtes pièces pour
piano
ED 9054

Felix Mendelssohn Bartholdy
Lieder ohne Worte
Songs Without Words ·
Chansons sans paroles
Auswahl für den Klavierunterricht ·
Selection for piano lessons ·
Sélection pour le cours de piano
ED 9012

Leopold Mozart
Notenbuch für Nannerl
Notebook for Nannerl ·
Cahier de musique pour Nannerl
ED 9006

Wolfgang Amadeus Mozart
Der junge Mozart
The Young Mozart · Le jeune Mozart
ED 9008

Eine kleine Nachtmusik
Little Night Music ·
Petite musique de nuit
ED 1630

6 Wiener Sonatinen
6 Viennese Sonatinas ·
6 Sonatines viennoises
ED 9021

Musik aus früher Zeit
Music of Ancient Times ·
Musique du temps ancien
ED 9005

Modest Moussorgsky
Bilder einer Ausstellung
Pictures at an Exhibition ·
Tableaux d'une exposition
ED 525

Nacht und Träume
Night and Dreams · Nuit et songes
36 Originalwerke für Klavier ·
36 Original Piano Pieces · 36 Morceaux
originaux pour piano
ED 9048

Piano Classics
Beliebte Stücke von Bach bis Satie
Favourite Pieces from Bach to Satie ·
Pièces celebre de Bach à Satie
mit · with · avec CD
ED 9036

Piano facile
30 leichte Stücke von Bach
bis Gretchaninoff
30 Easy Pieces from Bach to
Gretchaninoff · 30 Pièces faciles
de Bach à Gretchaninov
mit · with · avec CD
ED 9041

Programmmusik
Programme Music ·
Musique à programme
40 Originalwerke · 40 Original Pieces ·
40 Morceaux originaux
ED 9043

Reisebilder
Travel Pictures · Tableaux de voyage
37 Originalstücke · 37 Original Pieces ·
37 Morceaux originaux
ED 9044

Erik Satie
Klavierwerke I
Piano Works I · Œuvres pour piano I
ED 9013

Klavierwerke II
Piano Works II · Œuvres pour piano II
ED 9016

Klavierwerke III
Piano Works III · Œuvres pour piano III
ED 9028

Domenico Scarlatti
Berühmte Klavierstücke
Famous Piano Pieces ·
Compositions célèbres pour piano
ED 9038

Robert Schumann
Album für die Jugend, op. 68
Album for the Young ·
Album pour la jeunesse
ED 9010

Bedrich Smetana
Die Moldau
Vltava · La Moldau
ED 4345

Spielsachen
44 leichte Originalwerke · 44 Easy
Original Pieces · 44 Morceaux
originaux faciles
ED 9055

Georg Philipp Telemann
12 kleine Fantasien
12 Little Fantasias · 12 Petites Fantaisies
ED 2330

Leichte Fugen mit kleinen Stücken,
TWV 30: 21-26
Easy Fugues with little Pieces ·
Fugues légères et petits jeux
ED 9015

Tempo! Tempo!
40 Originalwerke · 40 Original
Pieces · 40 Morceaux originaux
ED 9049

Peter Tschaikowsky
Die Jahreszeiten, op. 37bis
The Seasons · Les Saisons
ED 20094

Nussknacker Suite, op. 71a
Nutcracker Suite ·
Suite Casse-Noisette
ED 2394

Wasser
25 Originalkompositionen · 25
Original Pieces · 25 Morceaux
originaux
ED 22276

SCHOTT
www.schott-music.com